Od*Chi

Mandalas für die Seele

Bassermann

Der Lebenskünstler, Alpenbarde und Naturmensch Od*Chi lebt am Fuße des sagenumwobenen Untersberg im Berchtesgadener Land in einem über 100 Jahre alten Haus. Hier hat er viel Raum für die kreative Entfaltung seiner vielfältigen Künste, zu denen neben dem Zeichnen von Mandalas auch das Gravieren von diversen Hölzern mittels Brennglas (Lupe) und Sonnenlicht, das Schnitzen von Holzmasken und das Bauen von Naturinstrumenten aus Holz, wie Didgeridoos, Klanghölzer und Schwirrhölzer, gehören.

Als Naturklangkünstler und Obertonmusiker, der zudem im indo-bajuwarischen Stil größtenteils selbst komponierte Lieder singt, tritt Od*Chi auf vielen Bühnen und Festivals auf.

Darüber hinaus ist Od*Chi erster Vorstand des Naturzauber Vereins e.V., der es sich zur Aufgabe macht, durch geführte Bergwanderungen, Schwitzhütten, Wildnisfreizeiten und -schulungen das Bewusstsein für ein Leben im Einklang mit Mutter Erde zu fördern.

Der Künstlername Od*Chi war anfangs nur ein Spitzname und kommt ursprünglich vom italienischen „heute“ = oggi. Da diese Schreibweise jedoch bei der Aussprache zu Irritationen führte, wurde daraus Od*Chi, was aus dem Keltischen und dem Asiatischen abgeleitet ist und dreifache Lebenskraft bedeutet ... und mit dieser lebt es sich sehr gut, wie er befindet.

Mehr Informationen über Od*Chi gibt es auf www.urwurz.de.

Inhaltsverzeichnis

Was sind Mandalas?

Das Wort Mandala kommt aus dem Sanskrit und bedeutet „Kreis“. Wir verstehen darunter auf den Mittelpunkt konzentrierte Meditationsbilder, die meist kreisförmig und symmetrisch aufgebaut sind und geometrische Motive, wie Sterne, Kreise oder Rechtecke, aber auch Pflanzen, Tiere oder Menschen zeigen.

Die symmetrische, konzentrische Form beinhaltent eine harmonische Qualität, die sich positiv auf unser Leben auswirken kann. Das Zeichnen oder Kolorieren von Mandalas ist nicht nur eine meditative Beschäftigung, die ein schönes Resultat erzeugt, sondern auch eine Möglichkeit, mit unserem inneren Selbst in Kontakt zu treten und somit zu uns selbst zu finden. Das innere oder höhere Selbst wird bei uns auch als die Seele bezeichnet, und so ist Mandala-Malen Balsam für die Seele, denn diese sehnt sich stets nach Ruhe, Einklang und Harmonie; deshalb auch:

Mandalas für die Seele

2015
02-04
LEO

Die spirituellen Wurzeln der Mandalas

Die einfachste Darstellung eines Mandalas ist ein schlichter Kreis und dieser spielte in der Menschheitsgeschichte seit jeher eine große Rolle: Man versammelte sich in einem Kreis um das Feuer, wohnte in runden Zelten, nahm den Wandel der Jahreszeiten wie auch den Werdegang von Leben, Tod und Wiedergeburt als ewigen Kreislauf wahr. Und so nimmt es auch nicht Wunder, dass wir Mandalas in vielen Kulturen und Religionen zu unterschiedlichsten Zeiten finden, sei es in einfachen steinzeitlichen Höhlenmalereien, in keltischen Knoten, in den runden, bunten Fenstern und Mosaiken christlicher Kirchen und Kathedralen, bei nordamerikanischen Indianern, in buddhistischen und hinduistischen Yantras und in den filigranen Ornamenten arabischer Länder.

Ein Kreis steht auch für Vollkommenheit, und so stellt ein Mandala immer ein ganzheitliches, harmonisches Bild dar, gewissermaßen den alles integrierenden und stets zum Zentrum in Bezug stehenden Kosmos. Mandalas dienen den Menschen dazu, die Welt und ihre Gesetzmäßigkeiten zu verstehen. Neben den runden Bildern gibt es auch quadratische Ausführungen, wie z.B. die indischen Yantras, die stets rein geometrische Muster aufweisen und im Hinduismus und Tantrismus das Göttliche repräsentieren.

07.01.2015
LEO 2015
RAUHNACHTE

Die Jahreskreisfeste

Seit Mitte der 90er Jahre organisiere ich bis zu acht Mal im Jahr sogenannte TINGs (Treffen in natürlicher Gemeinschaft), bei denen zu den jeweiligen Jahreskreisfesten an einem bestimmten Ort im Wald oder Gebirge Menschen zusammenkommen, die sich der Natur verbunden fühlen. Wir lernen uns kennen, tauschen uns aus, inspirieren uns gegenseitig und musizieren gemeinsam.
Auch wenn sich im Laufe der Jahre manches geändert hat, so ist doch als eine Art persönliches Ritual geblieben, dass ich als Einstimmung zu den Treffen stets ein Mandala zeichne. Viele meiner Mandalas tragen daher die Namen der acht keltisch-germanischen Jahreskreisfeste, die sich am Sonnen- bzw. Mondstand orientieren. Die zwei Tagundnachtgleichen und die zwei Sonnenwenden teilen das Jahr in vier gleiche Teile. Während die vier Sonnenfeste klare Fixpunkte im Jahreskreislauf sind, sind die Mondfeste variabel. Auf den folgenden Seiten beschreibe ich sie im natürlichen Ablauf des Jahres.

Yul – Wintersonnenwende

Das Jahr beginnt im natürlichen Kalender mit der Wintersonnenwende am 21. Dezember. Es ist der kürzeste Tag und die längste Nacht. Ab diesem Zeitpunkt werden die Tage – wenn auch erst einmal unmerklich – wieder länger. Dieses Fest nannte man früher YUL, was „Rad“ oder „Drehen“ bedeutet. Der Name mag daher kommen, dass nach altem Brauch nicht nur große Sonnwendfeuer entzündet, sondern auch Feuerräder den Berg hinabgerollt wurden, Symbole für das Sonnenrad.

Imbolc – Lichtmess

Nun, Anfang Februar ist eine deutliche Zunahme der Tageslänge zu bemerken und die Hoffnung, dass nun bald endlich der Frühling Einzug erhält, wächst immens, auch wenn noch einige kalte Tage zu überstehen sind. Das Fest feiert die Wiederkehr des Lichtes, und so feiern wir es gerne in einer Höhle und entsprechen mit dem Entzünden des Feuers diesem Sinn.

Bei den Naturvölkern wird diese Zeit als der „Mond der Rast und Reinigung“ bezeichnet, was wiederum mit der Wortbedeutung von IMBOLC korrespondiert. Es ist eine Zeit des Innehaltens, der Rast und inneren Reinigung.

beltane

Ostara – Frühlings-Tagundnachtgleiche

Die Sonne steht nun, zwischen dem 20. und 22. März, senkrecht über dem Äquator, der Tag und die Nacht sind gleich lang, der Frühling beginnt. OSTARA ist die Frühlingsgöttin, die sich der Sage nach, um unentdeckt zu bleiben, immer wieder in eine Häsin verwandelt, woher wohl das Bild vom Osterhasen rührt. Plötzlich sprießen und gedeihen die Pflanzen und das bisher brachliegende Land wird wieder fruchtbar. Ein altes Symbol dieser Fruchtbarkeit ist das Ei, dem neben dem Hasen in der Osterzeit besondere Beachtung zuteil wird.
Zu diesem Fest halten wir gerne eine Schwitzhütte ab. Dieses alte Reinigungsritual ist eine gute Möglichkeit Altes abzustreifen und gewissermaßen neugeboren die nächste Lebensphase zu beginnen.

Beltane – Hohe Maien

Das nachfolgende Jahreskreisfest ist BELTANE und wird in der wohl schönsten Zeit des Jahres, dem Mai – altgermanisch für „jung“ – gefeiert. Da die Kraft des Mondes bei Vollmond am stärksten ist, wurde hier wohl schon seit jeher das Fest der Lust, der Freude und der Wonne zelebriert. Zu BELTANE („Feuertanz“) gingen früher die Dorfbewohner hinaus auf die Felder, zündeten Freudenfeuer an, tanzten und liebten sich dort. Alle ehelichen Bündnisse waren angeblich für diese Nacht aufgehoben, woher wohl auch der Name Freinacht rührt.

Litha – Sommersonnenwende

Mit der Sommersonnenwende am 21. Juni, auch LITHA genannt, ist der Höhepunkt des Jahres gekommen. Der Sonne zu Ehren wird wieder ein großes Sonnwendfeuer entzündet, im Alpenraum auch gerne auf den Berggipfeln. Es soll Glück bringen, über dieses zu springen, wenn es wieder kleiner geworden ist. Auch wenn der Sommer nun erst beginnt und die heißesten Tagen noch bevorstehen, geht es ab sofort wieder abwärts und die Tage werden, wenn auch zunächst unmerklich, wieder kürzer.

Lamas – Schnitterfest

Anfang August, wenn das Getreide reif ist, ist eine Zeit der Fülle. Wir feiern das erste Erntedankfest. Die Beeren reifen, das Getreide wird geerntet. Es sind leichte unbeschwerte Tage, die heißeste Zeit des Jahres und nur die Gewitter sorgen für die willkommene Abkühlung.

Zu dieser Zeit werden überkreuzte Getreidegarben oder Kränze aus Getreidegarben über die Haustür oder auf dem Hauptplatz aufgehängt, und mit den Ritualen des LAMAS-Festes wird für die reiche Ernte gedankt. Da in dieser Zeit aber auch oft schon die ersten Herbstboten zutage treten, deutet der Name SCHNITTERFEST mit seinem Bezug auf den Schnitter, den Tod, auf die Vergänglichkeit hin.

Mabon – Herbst-Tagundnachtgleiche

Zur Herbst-Tagundnachtgleiche um den 21. September herum wird das MABON-Fest gefeiert. Es ist das zweite Erntedankfest, da zu dieser Zeit nun auch die Frucht- und Gemüseernte ansteht. Die Zeit der Unbeschwertheit ist vorbei, die Boten des Herbstes sind nun sehr präsent, die Bäume blühen nochmals vielfarbig auf und wir können, besonders in Laubwäldern, ein farbenfrohes Spektakel erleben. Wir schmücken zu dieser Zeit unseren Altar mit bunten Früchten, genießen mit Dankbarkeit die Fülle und bewundern den Wald, in dem wir dieses Fest feiern.

Samhain – Halloween

Dieses Jahreskreisfest liegt Beltane, dem Fest der Freude, der Lust und des Lebens, genau gegenüber, und der Neumond passt hier ebenso gut wie zu Beltane der Vollmond, da hier nicht nur die dunkelste Phase des Jahres beginnt, sondern gemäß den äußeren Erscheinungen der Natur auch Rückzug, innere Einkehr, Stille und Reflexion im Vordergrund stehen. Die Blätter fallen, die Säfte der Bäume versiegen, alles zieht sich zurück, die Tiere gehen in ihren Bau.

Für die alten Völker war es auch das Fest der Ahnen, denen gehuldigt wurde. Nach keltischem Verständnis waren in diesen kurzen Tagen und langen Nächten, in denen ja auch oftmals der Nebel wabert, die Tore zur jenseitigen Welt sehr weit geöffnet und man konnte in dieser Zeit besonders gut mit den Ahnen Kontakt aufnehmen.

Ein paar Worte zu meinen Mandala-Vorlagen

Alle Mandalas, die Sie hier im Buch finden, habe ich mit Zirkel, Geodreieck und Lineal konstruiert und dazu weder ein Computer-Programm noch Schablonen verwendet. Wenn sie auch auf den ersten Blick perfekt wirken, werden Sie bei genauerer Betrachtung bzw. beim Ausmalen feststellen, dass es Ungenauigkeiten gibt. Doch genau das ist es, was das Ganze tatsächlich lebendig macht und uns Menschen von der Maschine unterscheidet.

Ich wünsche Ihnen viele ruhige, besinnliche und meditative Stunden voller Kreativität, Muße und Freude. Und ich bin durchaus daran interessiert, Resultate zu sehen, denn wie ich ja selber weiß, gibt es unendlich viele Möglichkeiten, diese Muster mit Farben zu versehen und ebenso vielfältig sind demzufolge auch die optischen Wirkungen.
Ich bin sehr gespannt, was daraus alles folgt ...

Od*Chi im Mai 2015

Mabon

Rauhnächte

Imbolc

Regenbogenspirale

Venusblume

Brigid

Siebenblättrige Venusblume

Litha

ISBN 978-3-8094-3343-9

1. Auflage

Projektleitung und Redaktion: Dr. Iris Hahner
Umschlaggestaltung: Atelier Versen, Bad Aibling
Layout und Satz: S. Storz, Althegnenberg
Herstellung: Sonja Storz

Druck und Bindung: Neografia a.s., Martin
Printed in Slovakia

FSC www.fsc.org
MIX
Papier aus verantwortungsvollen Quellen
FSC® C020353

Verlagsgruppe Random House FSC® N001967
Das für dieses Buch verwendetes FSC®-zertifizierte Papier *Amber graphic* liefert Arctic Paper, Kostrzyn.